LE CHIRURGIEN ANGLOIS, PARADE.

Par M. ***

Prix, quinze sols.

A LONDRES;

Et se trouve à Paris,

Chez la Veuve DUCHESNE, rue S. Jacques, au Temple du Goût.

Et à Lyon,

Chez le Sieur CELLIER, Libraire, au Cabinet Littéraire, Quai S. Antoine.

1774.

PERSONNAGES.

CASSANDRE, Pere d'Isabelle.

ISABELLE, Amoureuse de Léandre.

LÉANDRE, Amoureux d'Isabelle.

GILLE, Valet de Léandre.

COTOUEL, Chirurgien Anglois.

Un petit Garçon.

La Scene est dans la maison de M. Cassandre.

ANNONCES.

GILLE.

De tous les tems les grands Seigneurs & les Gens du beau monde ont fait & joué la Parade. C'eſt ce qui m'autoriſe, Meſſieurs & Meſdames, à vous demander de l'indulgence pour celle que nous allons avoir l'honneur de vous repréſenter en perſonnes naturelles. Il n'y a rien de ſi beau que la Parade, de ſi ſublime que la Parade; & rien cependant de ſi ordinaire que la Parade. Le Soldat qui va au coup de fuſil, ce n'eſt que pour la Parade. Le Grand-Turc n'a un Serrail que pour la Parade; & beaucoup de gens parmi vous, Meſſieurs, ne portent un grand nez que pour la Parade. Les Petites-Maîtreſſes, qui ont des vapeurs, la bouffante, le gros chignon & le caraco, ce n'eſt que pour la Parade. Les Petits-Maîtres n'ont des chevaux de carroſſe Anglois & des Demoiſelles de l'Opéra que pour la Parade. Si on a abandonné Moliere, pour les Pieces larmoyantes & les Drames Anglois, le Vaudeville pour l'Ariette, le Vin pour les Femmes, les Femmes pour les Filles entretenues, la Table pour le Luxe, tout cela n'eſt que pour la Parade.

On ne ſçait à qui attribuer la gloire d'avoir fait le premier Diſcours ſur la Parade; mais celui qui l'a fait le premier, doit avoir eu bien du plaiſir, ſans compter l'honneur, qui n'eſt pas un chien. Cela ne peut cependent tomber que ſur deux perſonnes, l'homme & la femme. Mais c'eſt plutôt la femme, parce que d'un côté le ſexe feminin a la démangeaison de parler, & que cela vient plutôt aux femmes qu'aux hommes.

Nous avons vû les Cicéron & les Messaline dans la Grece, les Sapho, les Laïs & les Démosthenes à Rome, faire de très-beaux Discours. Je n'aurois pas la présomption de vous en faire un, s'il n'étoit pas nécessaire que je vous le fisse, Mesdames, pour vous mettre au fait de nos Pieces, dont il est sûr que vous demanderez à tâter plus d'une fois quand vous les aurez vues. Entrez, Messieurs, entrez, vous verrez une chose surprenante : Zirsabelle ma fille, qui a mieux aimé jouer la Parade & danser sur la corde pour son plaisir, que de se laisser entretenir par l'Armée de Flandres. Voilà ce qui s'appelle de la vertu, Messieurs : voilà ce qui s'appelle de la vertu.

Depuis cent ans le rôle de Gille est dans ma famille, & ce n'est pas par moi qu'il en sortira; mon grand-pere a fait Gille, mon pere a fait Gilles, tous mes oncles ont fait Gille, & je le ferai. C'est moi qui badine les gens légerement, finement, grossierement, froidement & délicatement.

Allons, Mesdames, voilà la bonne heure, prenez vos places : voici le triomphe de la Foire Saint Germain, de la Foire Saint Laurent & de la Foire Saint Ovide ; c'est ici le grand Jeu, la Troupe Hollandoise, Siamoise, Danoise, Bavaroise & Suédoise. C'est nous qui faisons rire & sauter les filles & femmes de ce quartier. Nous avons l'entreprise des enfans faits & à faire dans toute l'étendue de cette Province. Nous sommes les grands Sauteurs & les plus grands Sauteurs.

Quelques-uns de nos Spectateurs, Mesdames, à qui nous avions fait l'honneur de montrer nos Pieces . . . . de Théâtre, nous avoient fait ôter des gravelures légeres, en nous en faisant parler par des perſonnes de la plus haute diſtinction, à qui l'on ne peut rien refuſer. Mais les Dames ont prié que l'on leur remît, & on leur remettra.

Vous devez me ſçavoir bon gré ou non, Meſdames, mais je devrois être à la Diette. La Reine d'Hongrie m'avoit promis de ſon eau, l'Erecteur de Cologne de ſon fil, celui de Mayence un jambon, celui de Saxe de ſa porcelaine, & le Roi de Pruſſe l'Ordre du Mérite. Enfin, tous les Erecteurs & les Erectrices me vouloient, vous m'entendez bien. Entrez donc, Meſſieux, entrez, vous verrez, tout ce que vous verrez.

Air : *Fleuve d'oubli*.

D'une Amante fidelle
Nous avons le portrait
Trait pour trait.
Celui d'une cruelle,
Animal rare ici,
Dieu merci ;
Ces Meſſieux peuvent m'en croire,
Ou bien venir ce ſoir,
Pour le voir,
A la Foire.

Nous avons les prunelles
De quatre vieux Seigneurs,
Grands lorgneurs ;
Les têtes ſans cervelles
De trois jeunes Abbés
Mal plombés.
Ces Dames peuvent m'en croire,
Ou bien venir ce ſoir,
Pour le voir,
A la Foire.

C'eſt ici que des Dames,
Meſſieux, vous jouerons des
Gobelets.
Nous avons là des Femmes,
Qui font de nouveaux tours,
Tous les jours.
Mais il ne faut pas m'en croire,
Il faut venir ce ſoir,
Pour le voir,
A la Foire.

Nous avons un grand homme,
Arrivé depuis peu,
Dans ce lieu,
Qui fait, quand on l'en ſomme,
Six complimens par jour,
En Amour;
Et ſi vous voulez m'en croire,
Il faut venir ce ſoir,
Pour le voir,
A la Foire.

Venez voir les ſecouſſes,
Et de ce Voltigeur
La vigueur,
Qui, ſans lâcher les pouces,
S'éleve, va, revient,
Et ſe tient;
Mais il ne faut pas m'en croire,
Il faut venir ce ſoir,
Pour le voir,
A la Foire.

LE CHIRURGIEN ANGLOIS, PARADE.

SCENE PREMIERE.

LÉANDRE *seul.*

A là fin des fins, pauvre Léandre, te v'là revenu de ton voyage de Moscovie? Pisque d'ailleurs mon pere z'est allé de vie à trépas, par la commodité d'une apoplexie, je me trouve riche, z'et en état d'avoir z'un valet. Z'un Gentishomme ne peut pas t'honnêtement battre son habit lui-même, & d'ailleurs quand on a z'une lettre à écrire z'à un ami, faut bien avoir qu'eutes-un pour vous la dicter : allons, je suis déterminé z'à prendre un domestique pour peu que je rencontre dans mon chemin z'un Savoyard.

SCENE II.

GILLE, LÉANDRE.

GILLE,

Valet à vendre, à prêter, à louer, à nourrir, à payer.

LÉANDRE.

Il semble que l'aveugle fortune viegne au-devant de mes petits besoins. Par Dieu c'est bien heureux qu'il se présente tout juste un garçon.

GILLE.

Valet à habiller, à dormir, à boire à . . . à . . . rire, &c. vous m'entendez bien.

LÉANDRE.

Parlez, oh! mon ami, z'êtes-vous hors de maison!

GILLE.

Oui Monsieur, j'en viens de sortir par les fenêtres.

LÉANDRE.

Oh bien! pisque cela est ainsi, je vous prends t'a mon service. Z'où avez-vous servi? car z'enfin z'on ne prend pas t'un valet sans savoir.

GILLE.

D'abord, Monsieur, j'ai servi z'aux Galeres.

LÉANDRE *interrompant.*

Comment, vous avez été z'aux Galeres?

GILLE.

Non pas, Monsieur, j'ai servi z'aux Galeres le Général des Galeres de la Province de Berry.

LÉANDRE.

Ah! c'est z'autre chose.

GILLE.

C'étoit z'un brave homme, Monsieur: dans le combat naval de Fontenoy, z'où les Galeres t'avancerent z'au grand trot des chevaux, il combattoit à côté du Maréchal de Belleisle : il eut deux vaisseaux de tués sous lui, fit près de quarante-mille Liegeois prisonniers de guerre. Le butin monta à plus de trois cents livres, & tous les morts t'y furent blessés dangéreusement.

LÉANDRE.

Tous ces morts là durent beaucoup souffrir. *A part.* Je crois qu'il m'en revend. *Haut.* L'ami, z'avez-vous servi qu'eutes autre part.

GILLE.

Oui, Monsieur, j'ai servi z'un Enfant-de-Chœur de Notre-Dame, dont je poudrois la perruque.

LÉANDRE.

Vous êtes t'un garçon z'adroit z'à ce qui me paroît. Eh bien! qu'est-ce que vous me prendrez pour être z'à mon service ? Que me prendrez-vous ?

GILLE.

Je vous prendrai .... Oh ! je ne suis pas difficile. Je vous prendrai tout ce qui se trouvera sous ma main.

LÉANDRE.

Vous n'entendez pas ; je vous demande sur quel pied vous voulez t'être z'à moi.

GILLE.

Parguenne sur tous les deux.

LÉANDRE.

C'est z'un plaisant. Eh! comment t'appelles-t-on?

GILLE.

Personne ne m'appelle; mais je me nomme Gille.

LÉANDRE.

Ce n'est pas là z'un Gille le niais toujours. Allons, v'la ce qu'il me faut, tu n'as qu'à me bien servir, je te ferai ta fortune. Va frapper à cette porte, & demande si M. Cassandre y est. *Gille & lui se rencontrent & se heurtent.*

SCENE III.

CASSANDRE, LÉANDRE, GILLE.

GILLE.

Aye ! aye ! aye !

CASSANDRE.

Aye ! aye ! aye !

LÉANDRE.

Vous êtes-vous fait mal, Meſſieurs ?

CASSANDRE ET GILLE.

Non Monſieur, au contraire.

LÉANDRE.

J'en ſuis charmé : Monſieur je venois....

CASSANDRE.

Permettez que je donne un petit ordre à ma domeſtique.

LÉANDRE.

Oh ! faites, Monſieur.

GILLE.

Où va-t-il mourir ce jeune homme là.

CASSANDRE.

Si je ne reviens pas ſouper, holà Colombine, qu'on me garde z'une cuiſſe de ſte groſſe poularde pour demain mon déjeûné. Zirſabelle ma fille, & vous, vous ſouperez du reſte. Pardon, Monſieur ; mais ce ſont de petits ordres.... qu'un Maître de maiſon....

GILLE.

Çà un Maître de maiſon ! c'eſt une bête fauve.

LÉANDRE.

Ah ! Monſieur, je venois donc vous dire....

CASSANDRE.

Dites toujours. Ecoutez, qu'on me garde les deux cuiſſes, au-lieu de n'en garder qu'une. La peſte, je n'y penſois pas ; c'eſt de conſéquence. Eh bien ! Monſieur, vous diſiez donc que....

GILLE.

Quel chat huant !

LÉANDRE.

Ah ! Monſieur, comme j'arrive z'eſprès pour....

CASSANDRE.

Ah ! Colombine, mettez moi à part z'encore une aîle de ſte poularde, z'outre les deux cuiſſes. Mille excuſes, Monſieur ; mais l'amour de l'ordre...

GILLE.

Le Diable puiſſe-t-il te tordre.

LÉANDRE.

Tant que vous voudrez, Monſieur, je n'ſuis pas preſſé, pourvû que....

CASSANDRE.

Allons, parlez à préſent.

GILLE.

Ce vieux ſapajou nous parlera donc enfin.....

LÉANDRE.

Vous ſavez, Monſieur, ce que c'eſt que la Ruſſie, de la Moravie ; &, comme dans mon voyage....

CASSANDRE.

Cela vaudra encore mieux ; qu'on me garde les deux cuiſſes & les deux aîles. Pardon, Monſieur ; mais dans un ménage, ſi on ne ſongeoit....

LÉANDRE.

Comme ignia donc trois jours que j'ai quitté la Czarine qui m'avoit pris....

CASSANDRE.

Oh ! parlez donc ; qu'on me garde encore la carcaſſe. Vous entendez bien ? Mettez moi à part les deux aîles, les deux cuiſſes & la carcaſſe. Ma foi, mettez-y auſſi le croupion, Colombine. V'là donc ce qu'il y a à me garder, les deux aîles, les deux cuisses, la carcasse & le croupion. Je crois que je n'oublie rien. Oh! à présent, Monsieur....

GILLE.

Ah! nous y voilà donc.

LÉANDRE.

Suivant vos ordres, Monsieur, me voici de retour de Moscovie.

CASSANDRE.

Ah! morbleu, j'y songe.... Eh! mais faut que j'aille chez le compere Villebrequin; j'étois sorti pour çà. Dites toujours, Monsieur, je suis t'à vous dans l'instant. (*A part.*) V'là comme faut se défaire des importuns....

SCENE IV.

LÉANDRE, GILLE.

GILLE.

DITES-moi un peu not'Maître, qui est cet animal là?

LÉANDRE.

C'est Monsieur Cassandre, le propre pere de Mamselle Zirsabelle que je dois t'épouser; mais la voilà Mamselle Zirsabelle, z'elle-même z'en personne.

SCENE V.

LÉANDRE, GILLE, ISABELLE.

ISABELLE.

Eh ! jarni, Monſieur Léandre, arrivez donc ; pardi, mon cher amant, ſavez-vous ce qui ſe paſſe ?

LÉANDRE *froidement.*

Quoi quignia, ma délicieuſe ?

ISABELLE.

Vous ſavez bien que mon ché pere n'attendoit, pour nous marier, que le moment que vous revienriez de Moſcovie.

LÉANDRE *toujours de ſang-froid.*

Eh bien ! ma douce amie, ma belle moutonne, je compte toujours là-deſſus.

ISABELLE.

Eh ! oui, oui compte nigaud, compte dadais ; compte, compte toujours, grand idiot. Jargny, jargny, ce ſang-froid là me fait bouillir .... j'enrage toute vive.

LÉANDRE.

Eh ! là, là, là, ma tendre colombe, dites-moi, ſans vous échauffer, ce quigna.

ISABELLE.

Ce quigna ? grand niquedouille, ce quigna ? igna que mon ché pere ne veut plus que je vous épouſe, animal ; igna qu'il ſe préſente un Chirurgien Anglois ; igna qu'il veut que je le prenne, groſſe bête ; igna qu'il veut que le mariage ſe faſſe promptement, entendez-vous, choux gelé, âne glacé ?

LÉANDRE *toujours de ſang-froid.*

Ce que vous dites-là change la theſe, Mamſelle,

& si ce n'étoit ma modération, j'entrerois en fureur.

GILLE.

Pernez donc garde, not' Maître, vous allez prendre la rage mue.

LÉANDRE *encore plus froidement.*

Au contraire, repernons notre sang-froid, z'et voyons, sans nous échauffer, ce qu'on pourroit faire pour . . .

ISABELLE.

Sans nous échauffer? sans nous échauffer? Ah! pardi oui: & moi, si mon ché pere veut me parforcer z'à ce mariage, je mettrai le feu ce soir à sa maison; il n'en sera que çà déjà.

LÉANDRE *froidement.*

Vous ne l'y mettrez pas.

ISABELLE.

Jarni, jarni, je l'y mettrai.

GILLE.

Faudra-t-il que je vous aide à l'y mettre?

LÉANDRE.

Ah! non, non, mon ami. Elle ne l'y mettra pas.

ISABELLE *en fureur.*

Je l'y mettrai. Quand je vous dis que je l'y mettrai. Vous êtes bien insolent encore de me contredire. *Elle fait le geste de lui donner un soufflet:* L'y mettrai-je à présent? Hem! l'y mettrai-je?

LÉANDRE.

Eh bien! allons, je vous l'accorde; vous mettrez le feu à la maison de vot' pere, v'là qu'est bien. A ste heure, voyons de quoi çà nous avancera.

GILLE.

C'est toujours une petite correction en passant.

LÉANDRE.

Ah çà! ma tourterelle, z'avant que d'embraser la maison de Monsieur vot' pere, qui z'est un bien qui nous doit revenir, quand il prendra congé de la compagnie, ne vaudroit-il pas mieux, pour empêcher ce mariage de Chirurgien, chercher un autre tartagême que l'incendie.

ISABELLE.

Ah! cherche, cherhe donc, v'là z'encore un bel esprit! Trouvez-en donc un plus prompt que celui de mettre le feu à la maison, balourd.

GILLE.

Attendez donc, Mamselle, ce qu'il vient de dire là, n'est pas mal dit pour un sot. Dame, moi je suis un fourbe qui vous servira, & qui fera accroire, quand je voudrai, à Monsieur Cassandre, que son âne & lui sont deux bêtes.

ISABELLE.

Ah! ouiche! v'là encore un beau pleutre pour z'en faire accroire z'à mon ché pere.

LÉANDRE.

Un moment, Mourette, comment nommez-vous de son nom ce Chirurgien t'Anglais, qu'il veut vous faire t'épouser?

ISABELLE.

Qu'est-ce que son nom fait à tout çà, butor? On le nomme Cotouel en Angleterre.

LÉANDRE.

Connoît-il Monsieur Cassandre.

GILLE.

En est-il connu?

ISABELLE.

Eh! non, couple d'imbéciles, puisqu'il est z'en route; & que sans le pont d'Angleterre à Calais, qui n'est pas encore fini, ignauroit quatre jours qu'il seroit z'ici. Son pere & le mien étoient amis comme cochons; mais le fils, stilà qui doit venir, & mon ché pere, ne se connoissent pas.

GILLE.

Et savous à quelle auberge z'il doit descendre en z'arrivant à Paris?

ISABELLE.

Il descendra sûrement rue Tire-Boudin, à l'Enfant qui pisse.

GILLE.

En ce cas-là ce mariage ne se fera pas, & vous épouserez mon Maître.

ISABELLE.

Comment cà?

LÉANDRE.

Eh! queque tu feras?

GILLE.

Ne vous embarrassez pas; j'ai un ami qui contrefait l'Anglois z'à merveille; il boit, il jure, il bâille comme un Anglois. Allez, il vous aura bientôt dégoûté Monsieur Cassandre de l'Angleterre, & de tous les Anglois. Je vais lui parler, & le dispofer à jouer si bien son rolle auprès du bonhomme, qu'il le fera aisément donner dans le godan.

LÉANDRE *niaisement.*

Oh! ça réussira.

ISABELLE.

Quel imbécile! z'où est la certitude?

GILLE.

Allons, Mamselle, venez me compter des particularités sur M. Cotouel, z'afin que nous attrapions Monsieur votre Pere. Vous, not'Maître, restez ici à l'attendre, & demandez-lui toujours Mamselle Isabelle z'en mariage, quoique vous soyez bien sûr qu'il vous la refusera; mais ne l'mettez pas en fureur.

SCENE

SCENE VI.

CASSANDRE, LÉANDRE.

LÉANDRE.

Ah ! Monſieur, je vous cherche.

CASSANDRE.

Il n'eſt donc pas poſſible de vous éviter, Monſieur ; je ſçais ce qui vous amene. Eh bien ! vous n'aurez point ma fille ; c'eſt un Chirurgien Anglois, qui quitte les trois Royaumes pour venir me guerir de ma colique venteuſe, qui l'aura.

LÉANDRE.

Mais, Monſieur, pourquoi m'avoir envoyé z'en Moſcovie juſqu'à Peterarebourg pour ....

CASSANDRE.

J'entends bien tout çà, Monſieur ; mais z'un autre a pris votre place. Z'au reſte, Monſieur, je vous eſtime toujours infiniment, & je vous jure ſans flatterie, que s'il ne ſe fût pas préſenté un autre parti, je vous aurois donné très-ſûrement la préférence. (*A part.*) *Voilà un homme bien tenace ; tâchons de le dégoûter..* (*Haut.*) Mais, Monſieur, que trouvez-vous donc tant dans ma fille ? Elle eſt mal élevée ; elle eſt ſeche comme un Brandier, noire comme un Veſpaſien, point de têtons ni de hanches.

LÉANDRE.

Mais, Monſieur, puiſque je l'aime à cette ſauſſe-là.

CASSANDRE.

Mais, Monſieur, elle eſt toujours décolletée, des jupons courts, & d'une immodeſtie à faire venir l'eau à la bouche. Vous la trouverez peut-être jolie par le visage; mais à l'égard de toutes ses qualités spirituelles & sensuelles, je puis vous assurer, Monsieur, comme si c'étoit ma derniere heure, qu'elle aime le jeu, les hommes & le vin.

LÉANDRE.

Eh bien! Monsieur, ne lit-on pas dans l'Histoire Romaine, qu'on a trouvé des Empereurs, même des Césars, qui aimoient le vin; temoin Titus le Censeur dans le tems qu'il fit bâtir la Cathédrale de Mâcon, il buvoit & se saouloit avec les Ouvriers.

CASSANDRE.

Pardi, vous êtes bien exterminé en sa faveur; je vous dis qu'elle ne sçait ni lire ni écrire.

LÉANDRE.

Tant mieux, Monsieur, tant mieux; voyez comme on traite les femmes savantes; dans le beau monde se fiche-t-on, ou ne se fiche-t-on pas d'elles? Voyez comme on accommode les Physiciennes de Newton, qui font des Livres de Physique comme M. de Volleataire, cet homme sans pareil, & Maupertuil le Pruchien.

CASSANDRE.

Enfin, Monsieur, je vous dis qu'elle est si ambitieuse & si colere, qu'elle donna, un jour de Mardi gras, un coup de poing sur le visage de sa chere mere, qui lui avoit dit tant seulement qu'elle avoit les pieds en-dedans. Après cela, vous me demanderez ma fille, n'est-ce pas? Eh bien! je vous la refuserai tout net; cela est-il clair?

LÉANDRE *douloureusement.*

Vouloir z'ainsi ma mort!

CASSANDRE.

Ah morbieu, Monsieur, point de Jérémiales; passez-moi la porte; quoique j'aie toujours beaucoup d'amitié pour vous & de politesse, si vous m'impatientez t'encore, & si vous dites un mot, je vous ferai, sur mon Dieu, jetter par les fenêtres. (*Ici Leandre salue trois fois en se retirant.*) Ah çà! je suis sans façon; je ne vous reconduis pas; faites-vous éclairer, z'ou suivez la rampe.

SCENE VII.

CASSANDRE, ISABELLE.

ISABELLE.

EH bien! mon ché Pere, vous quittez Monsieur Léandre; il vous aura, sans doute converti sur votre entêtement.

CASSANDRE.

Taisez-vous, petite effrontée, songez tant seulement z'a m'obéir, & à ne plus penser à votre beau Léandre; je veux absolument que vous épousiez ce Chirurgien Anglois qui me convient.

ISABELLE.

Eh bien! que ne l'épousez-vous? pour moi je n'en veux point, par des raisons que je vous dirois bien, si l'honnête compagnie vouloit me permettre de jurer un tant soit peu.

CASSANDRE.

Vos raisons sont plattes comme l'épée de Charlemagne. Morbieu! dites, fille dénaturée, si vous ne l'épousez pas, qu'est-ce qui me guérira de mes vents?

ISABELLE.

Oui; mais moi, de quoi ça me guérira-t-il? (*A part.*) Que je suis malheureuse dans mon malheur! Mon Dieu, la vilaine drogue qu'un Pere!

SCENE VIII.

COTOUEL *déguisé grotesquement* CASSANDRE, ISABELLE.

COTOUEL.

MONSIR, qui né pas tro chcune, où est le méson di Per Cassandre.

CASSANDRE.

Vous demandez le logis de Cassandre; c'est moi, Monsieur.

COTOUEL.

Est-ce que vous êtes un Logique Monsir?

ISABELLE.

Non, Monsieur, mon ché Pere vous dit qu'il est Monsieur Cassandre.

COTOUEL.

En ce cas, Mamsell, premier il faut que je vous embrass; bisé-moi fort, & apré je embrass Monsir le Pere de vous. *Ici lazis d'embrassade.* Pour que vous savez ma nom, il faut que je dissé à vous; Cotouel, mon Pere il s'appelloit; & moi, comme son fils, tout de même. Le Gentilhomme, votre Pere, il a déjà, sans dout, dit que ché viens exprès pour épouser vous.

CASSANDRE.

Oui, Monsieur, elle fait l'honneur..... Répondez donc jeunesse, z'et répondez bien.

ISABELLE. (*A part.*) C'est l'ami de Gille qui est déguisé, feignons. (*Haut.*)

Mon Pere, z'il est certain qu'il faudra bien que j'épouse Monsieur, s'il peut vous guérir des incommodités que vos vents nous causent à tous.

COTOUEL.

Ah! Mamſell, cé un biguetell à moi pour guérir cela, ſi la mariage.....

CASSANDRE.

Oh! avant de parler mariage, cauſons t'un peu ſur votre ſcience, ſur ma maladie, & ſur les perſonnes que vous avez traitées.

COTOUEL.

Oh! Monſir, ſi ché vous diſé le nom de perſonn, le liſt ſera plis gros que l'Almanac Royall; mais il faut diſcrétionne. Ché encore en paſſant dans la Ville de Calais guéris quatre Commis di Fermes de Roi, qui l'avoit in indigeſtionne di toutes les ſortes de marchandiſſ d'Angleterre. *Bas à l'oreille de Caſſandre.* Si vous connoiſſez les Dames qui l'avé le vapieurs hiſtoriques, je donnai les choſſ pour cela. J'y avé encore guéri le jeuniſſe pour in Damoiſell qui l'avoit le mour dans la teite; après, pour le meime maladie, je guériſſai Ladi Leiprem, fille nanturell di l'Archevêque de Caintoorbery; je ſortai de dangé le Comteſſe Picolina, Italienne, qui l'avé été empoiſonnié par le champinnons: vous appellez cela, j'eſpere, de cette mannier dans le langue Françoiſe.

CASSANDRE.

Qu'avez-vous donné pour cela à la Comteſſe?

COTOUEL.

Je ſignié cinque fois de pied; je purge beaucoup avec le mercur & le hémétique; après j'y mettai les ventuoſes pour trente-cinq jours : il ne voulé, dans ces ſortes de choſes, que les médecennes très-diouces, qui l'évaporé par le tranſpirationne. C'eſt le grandes manniers de notre Facuté de Londres & di Docteurs Anglois habill dans cette ſcience.

CASSANDRE.

Vous avez donc guéri cette Comteſſe.

COTOUEL.

Nò, nò, Monsir, elle mourrai certainement; mais je quittai jamais qu'après qui n'ave plis de respirationn di tout, di tout.

CASSANDRE.

Venons à ma maladie. D'abord il faut que vous sachiez quignia des jours que je suis comme un moulin à vent, & que.....

COTOUEL.

Oh! je entende bien, Monsir; la vent il soufsloit pour vous dans la estomack.

CASSANDRE

Ouf! Non, Monsieur.

COTOUEL.

Cey dond la ventre qui soufflait. La boyau parle-tit, Monsir; sente-vous entre le cuivre & le chair cric, croc?

CASSANDRE.

Haye, haye, haye, eh! oui, oui, Monsieur, ils sont par-tout là.

COTOUEL.

Inquiourabel, Monsir, inquiourabel.

ISABELLE.

Quoi! Monsieur, mon ché Pere aura toujours des vents.

COTOUEL.

Inquiourabel, Mamsell, inquiourabel.

CASSANDRE.

Eh quoi! de l'anizette ne pourroit pas adoucir mon mal?

COTOUEL.

Inquiourabel, inquiourabel, inquiourabel: il n'y avé dans le mond qu'in remed. Hypocrates, & par derriere de lui le Doctor Cracbelly, très-céléber dans les montagnes d'Ecoss, où il faisoit touchours grand vent, disent positivement tous les diou: *curatur cum certo quodam Lepore*, avec la queue de Lievre.

ISABELLE.

Pardi, Monsieur, lâchez-nous cà en françois.

COTOUEL.

Crepitous ventris couratur; ché vous expliqué cela en francé, on guérissait tout coliq ventriculaire, avec une queue de Lievre.

CASSANDRE.

Eh bien! Monsieur, rien n'est plus aisé que d'avoir z'une queue de Lievre.

ISABELLE.

Eh! sans doute; qu'est-ce qui n'a pas z'une queue de Lievre.

COTOUEL.

Oh! nò, nò n'ave de quiou de Lievre qui voulait; le véritable quiou de Lievre il est fort rarr, fort rarr; en premier, il faut qu'il soit bien long & bien blanc; après, qu'il venai de Moscovi.

ISABELLE.

Mon ché Pere, de Moscovie! Pardi, Monsieur Léandre qui vient de Pétarebourg, en a qu'eutes douzaine au moins.

COTOUEL.

Avec cinque, sept, huite il suffira; un quiou de Lievre il pi fort bien douré pour vingt ou trante semainn.

CASSANDRE.

Allons, j'en aurai, & vous me guérirez, Monsieur. Parlons tà présent de votre mariage.

COTOUEL.

Mettez dehord votre langue, Monsir, mettez dehord votre langue.

CASSANDRE *montre sa langue.*

La voilà : eh bien! la voilà

COTOUEL.

Oh! le mauvais langue; il n'est pas beau, né pas bon.

CASSANDRE.

Queuque cà fait.

ISABELLE.

Pardi, Oui.

COTOUEL.

Ouvre votre you, ouvre votre you pli grand: faites ouvrir encore pli grand à Monsir votre Pere, Mamsell. En vérité, il est bien mauvais les youx de ce Gentilhomme-là.

CASSANDRE.

Quel diable de cérémonie!

COTOUEL.

Le quiou de Lievre il ne pouvez plis servir di tout, di tout.

CASSANDRE.

Eh! pourquoi ça?

ISABELLE.

Eh! oui; si ce remede est bon, pourquoi çà?

COTOUEL.

Pourquoi! Par un petit raisonn; parce que Monsir Cassandre il sera mouru, & il mouré certainement dans le vingt-quatre hir.

ISABELLE.

Ah! le gueux de scélérat; parce qu'il sçait que mon ché Pere craint la mort.

CASSANDRE.

Ah! je suis mort! Ah! je suis mort!

COTOUEL.

Est-ce que cé le faute de moi, s'il lave été in cause de mortalité dans ce Gentilhomme.

ISABELLE.

Ne vous frappez pas de ça, mon ché Pere, voyez-vous; le pis-aller, c'est que vous mourriez.

CASSANDRE.

Ah! ma fille, il a raison; je me sens bien, je ne puis pas aller plus loin.

COTOUEL.

Il mouré, j'étais certain; il mouré bientôt.

CASSANDRE.

Ah ! chien d'aſſaſſin !

ISABELLE.

Ah ! chien de barricide !

COTOUEL.

Il mouré, il mouré, il mouré.

CASSANDRE.

Ah ! battons-le, battons-le.

ISABELLE.

Ah ! oui, qu'il meure avant vous, çà ſera drole.

COTOUEL.

Il mouré, il mouré. *On bat Cotouel ; lazis à volonté.*

CASSANDRE.

Aſſommons-le.

ISABELLE.

Exterminons-le.

COTOUEL, *en s'enfuyant.*

Il mouré, il mouré.

SCENE IX.

CASSANDRE, ISABELLE.

CASSANDRE, *criant à pleine voix.*

AH, barbare Cotouel, tu me portes le poignard du trépas .... tu m'égorges tout vivant .... tu m'égorges tout vivant, ſcelerat maudit.

ISABELLE.

Eh bien ! mon ché pere, comment vous trouvez-vous ?

CASSANDRE, *de la voix la plus foible, la plus baſſe & la plus languiſſante.*

Ah ! ah ! ah ! ah ! je n'en puis plus. Ah ! ah ! ah !

ah! les forces me manquent, je sens . . . . la nature défaillante . . . . *reprenant une voix terrible, & se mettant en fureur* . . . . Mais de quoi s'avise aussi cet infâme coquin de me prédire ma mort. Morbieu, je fis pis qu'enragé . . . . *voix foible*, &c. Ah! ah! ah! ma chere fille, ton pauvre pere est bien mal. Ah! ah! ah! il n'ira pas jusqu'à demain . . . . Ah! ah! ah! je me meurs.

ISABELLE.

Pardi, mon pere, vous êtes trop bête aussi; trop est trop, pourquoi vous tourmenter l'esprit d'avance. Eh bien! si vous mourez, j'en porterai le deuil; mais que diable à présent, vous vous portez bien.

CASSANDRE, *d'une voix foible.*

Eh! non, je vas mourir . . . Mais du moins, ma fille, n'épouse pas Cotouel, ce seroit . . . . me faire mourir z'encore . . . . après ma mort.

ISABELLE.

J'ai trop de sentimens pour épouser jamais un queques-uns qui a fait peur comme tout z'à mon ché pere.

CASSANDRE.

Ah! ah! je suis un peu mieux. Mais que nous veut Monsieur Léandre.

SCENE X.

LÉANDRE, CASSANDRE, ISABELLE.

LÉANDRE.

Vous êtes sans doute z'incommodé, Monsieur, de votre colique z'ordinaire; c'est z'aparamment vos ventosités & vos flatuosités.

CASSANDRE.

Non, Monſieur.

ISABELLE.

Sifait, Monſieur.

LÉANDRE.

C'eſt que je vous ai rapporté de Moſcovie z'un remede ſûr pour ce mal-là, z'et pour tous les maux.

CASSANDRE.

Eh! où eſt-il, Monſieur?

LÉANDRE.

J'ai là mon valet qui le porte. Holà! Gille, Gille, holà! le ſpécifique.

SCENE XI.

LÉANDRE, ISABELLE, CASSANDRE, GILLE *ſuivi d'un petit Garçon qui porte une caiſſe de drogues.*

LÉANDRE *verſant un coup dans un verre à ratafia.*

TENEZ, Monſieur, avalez-moi cela, c'eſt z'un élexir Ruſſien de Ruſſie; çà z'eſt fait de graiſſe d'Eunuque noir, & d'or potable.

CASSANDRE.

Cela n'eſt pas mauvais; mais, Monſieur, la graiſſe d'Eunuque ſent donc la fenouillette?

LÉANDRE.

Oui, Monſieur, mais d'ailleurs l'on fait fondre un Eunuque dans la fenouille. La peſte, vous avez le goût fin. Z'il feroit difficile de vous en faire accroire.

ISABELLE.

Mon ché Pere, permettez que j'en goûte.

CASSANDRE.

Prends-en si tu veux.

ISABELLE *en boit dans un verre à bierre, & puis dit :*

C'est un peu plus doux que l'eau des Barbares ; donnez m'en encore z'un doigt. *Elle en boit une seconde rasade.*

CASSANDRE.

Mais, Monsieur, cela est donc excellent pour les vents ; çà me soulagera-t-il ?

LÉANDRE.

Je l'espere.

GILLE.

Je le crains.

ISABELLE.

Vous nous avertirez mon Pere.

LÉANDRE.

Mais, Monsieur, pisque je sis sûr de vous guérir, me refuserez-vous Mamsell qui ....

CASSANDRE.

Vous êtes donc bien pressé, Monsieur ....

ISABELLE.

Ah ! oui, mon Pere.

LÉANDRE.

Eh ! oui, Monsieur ; allons, déterminez-vous ; je vous ferai présent z'encore d'autres berloques dont j'ai le catalogue. Je possede un opiat merveilleux pour faciliter l'accouchement d'une jeune mariée, vérifié & approuvé par un Ministre Genevois ; un spécifique divin pour préparer à l'insertion de la petite verole, & pour arrêter les progrès de l'autre, autorisé par la Société Royalle de Londres. J'ai encore un anneau que je tiens d'un Docteur le plus savant de la Chine, l'Empereur de l'Empire des Empiriques. Cet anneau élastique & magique, couvert d'un petit duvet, donne du ressort à l'ame des femmes ; il guérit les maux des maris jaloux, les vertiges des coquettes, les étourdiſſemens des petits maîtres, & les dégoûts du mariage. Mais voici la merveille des ſept merveilles du monde, une pomme de Moſcovi, qui a la vertu de ne pouvoir être cachée ſans que j'ell'devine.

CASSANDRE.

Eh! où eſt-elle ſte pomme?

GILLE.

La voilà; çà vient de Moſcou en Normandie.

ISABELLE.

Cachez-la. Oh! que je la cache, mon ché Pere, pour voir s'il la trouvera.

LÉANDRE *ſort un inſtant.*

GILLE.

C'eſt fait minon minette.

LÉANDRE *ſalue tout le monde, & chacun lui ôte ſon chapeau, excepté Gille, qui a la pomme deſſous le ſien.*

En vérité, Monſieur Gille, vous n'êtes gueres poli, que vous ne ſaluez pas vot' Maître. *Il trouve la pomme.*

CASSANDRE.

Cela eſt merveilleux.

ISABELLE.

Cela eſt admirable.

GILLE.

Cela eſt auſſi étonnant que ſurprenant.

ISABELLE.

Oh! ſortez, Monſieur Léandre, que je la cache encore. (*Il ſort.*) *Mais cligne*z *bien.* Tiens, petit Garçon, mange çà vîte. *Le petit Garçon mange la pomme.*

GILLE.

Allons, not' Maître, v'là qu'eſt fait.

LÉANDRE.

Vous riez tous, tenez, je gage que ce petit

drôle l'a cachée dans son ventre. Ouvres la bouche que je voye? *Il lui remplit la bouche de farine, & lui dit:* Tiens, v'là de quoi faire un Bignet.

CASSANDRE.

Oh! pardi, Monsieur, vous serez mon Gendre, & tout-à-l'heure; vous êtes trop plaisant.

LÉANDRE.

Allons, venez, ma céleste.

ISABELLE.

Allons, mon divin.

GILLE.

En v'là assez; point de tendresses fadasses. Chantons plutôt, pour marquer notre joie sur vot' mariage.

Air: *Il faut boire plus d'un coup pour aimer davantage.*

Tout est Parade ici bas,
Tout paroît ce qui n'est pas,
Tout est Papa
Tout est rara
Tout est Parade;
Tout est Parade ici bas,
Tout est Pantalonade.

Amans novices en amours,
Croyez-moi, craignez toujours
La macq macq ma
La ca ca ca
La mascarade;
Dans ces tems-ci les amours
Sont amours de Parade.

Femmes, fuyez ces Danseurs,
Qui vous étonnent par leurs

Gar gar gar gouil
Gouil gouil gouil gouil
Leurs gargouillades :
Car ſouvent ces grands Sauteurs
Vous payent en gambades.

J'entends prêcher, ces Cagots,
La chaſteté dans les mots ;
Quelle ca ca
Quelle pu pu
Capucinade ;
Croyez-m'en, tous ces Bigots
Le ſont pour la Parade.

AU PUBLIC.

Air : *de la Canicule.*

Il nous faut prendre Meſſieux,
Tout comme nous ſommes ;
Applaudiſſez à nos Jeux,
Devenez Bons-hommes :
Les Bons-hommes ſont nos gens,
Les Critiques ſont des gens,
De vrais gens gens gens
Des gens ſu ſu ſu
Des gens ſu
Des gens trop ſublimes,
Et peu magnanimes.

Les Airs des Couplets de cette Parade ſe trouvent dans l'ancien Théâtre Italien & de l'Opéra-Comique.

www.ingramcontent.com/pod-product-compliance
Ingram Content Group UK Ltd.
Pitfield, Milton Keynes, MK11 3LW, UK
UKHW020511230726
13925UKWH00005B/2136